ACTE PUBLIC

POUR

LA LICENCE.

MEIS ET AMICIS·

ACTE PUBLIC

POUR

LA LICENCE,

SOUTENU EN EXÉCUTION DE L'ARTICLE 4, TITRE 2, DE LA LOI DU 22 VENTÔSE AN XII,

Par M. Ernest CONSTANS,

NÉ A BÉZIERS (HÉRAULT).

JUS ROMANUM.

De Actionibus pænalibus.

INSTIT. JUST. L. IV, TIT. VI, § 16-18. — DICESTE, LIV. XLIV,
TIT. VII, LOIS 26, 32, 60, 44, § 1.

Obligationes nascuntur non solum ex contractu, aut quasi ex contractu, sed etiam ex delicto, vel quasi ex delicto. Inter obligationes quæ ex delicto nascuntur, exstant obligationes quæ ex lege Aquilia, ex manifesto vel non manifesto furto, nascuntur.

Ad persequendas istas obligationes, actiones quædam dantur quæ pœnales dictæ sunt.

Pœnam tantum persequitur quis pœnalibus actionibus; illæ tantum modo sunt privati juris actiones, oportet igitur publicis actionibus eas non immiscere.

Cum de furto agitur manifesto, et manifestus fur est, qui deprehenditur in ipso furto, aut in eo loco, quo furtum fit; veluti qui nondum egressus januam domûs quâ furtum fecit, deprehensus fuerit; vel qui in Oliveto olivarum aut in vineto Uvarum furtum fecit; quandiu in eo Oliveto aut vineto, deprehensus sit (1). Cum de furto agitur manifesto, sicut dicimus, ad quadruplum actio tendit, si vero non manifesto furto, ad duplum; et furtum non manifestum est quodcunque furtum manifestum non est.

Ex lege Aquilia, pœnales quoque actiones ortæ sunt ut dixit ipse Justinianus : « Creditum est Pœnalem esse hujus legis actionem quia non solum tanti quisque obligatur quantum damni dederit, sed longe pluris (2). Sic quis injuria occiderit alienum hominem, alienumve quadrupedem quæ pecudum numero sit, damnetur quanti ea res in eo anno plurimi fuerit, tantum domino dare.

Pœnales actiones non solum lege datæ sunt, sed etiam multas prætor ex sua juridictione introduxit : veluti qui album corrupisset, persequitur actione de albo corrupto, et ut videtur in libro XLVIII, tit. XI, loi 32. Digestorum : qui edicta proposita dolo malo corrumpunt falsi pœna plectuntur. Item pœnales actiones prætor introduxit adversus eum qui patronum vel parentem in jus vocasset, cum id non impetrasset, adversusque eum qui vi exemerit eum qui in jus vocaretur (3).

---

(1) Inst., liv. IV, tit. 1, § 3.
(2) Inst., liv. III, tit. 3, § 9.
(3) Inst., liv. IV, tit. 6, § 12.

De lege Aquilia supra diximus, actionem ex ea lege natam pœnalem esse; attamen illa actio non est tantummodo pœnalis sed etiam pœnæ et rei persecutoria, id est mixta (1). Etenim cum quis, hominem alienum occiderit, claudum aut luscum, qui in eo anno integer fuerit, damnatur tanti quanti is homo in eo anno plurimi fuerit.

Is qui damnatus est ad plurimum, compellitur dare primò prætium claudi aut lusci hominis : In quo videmus actionem rei persecutoriam. Sed imò compellitur dare maximum hominis prætium, in quò tunc videmus actionem pœnæ persecutoriam :

Damni injuriæ actio quæ constituitur per legem Aquiliam non sola est actio rei et pœnæ persecutoria, id est mixta, item mixta est actio contra eos qui relicta sacro sanctis ecclesiis legati nomine dare distulerint usque adeo ut etiam in judicium vocarentur. Tunc relicta dare compelluntur et etiam pro pœna aliud tantum, ideo in duplum fit condemnatio.

Pœnales actiones non contra heredes sed ad heredes transeunt. Non contra heredes transeunt, nam heredes culpà parentum non tenentur; ad heredes transeunt, sed solum post litem incohatam quia actio auctori personalis est et antequam litem incohaverit, nemo scire potest an voluerit pœnam persequi.

De concurrentibus actionibus

Plures de eedem re et ex eadem causa actiones interdum competunt.

Quæritur an unâ electâ ad cœteras supersit regressus, inter rei persecutorias et pœnales distinguendum est : si duæ sint rei persecutoriæ minim cumulari possunt nam bona fides non patitur, ut bis idem exigatur. Post rei persecutoriam actionem, pœnalis competit actio. Hinc dictum est si quis ex fundo substraxerit condictione furti quin etiam ex locato tenebitur. Condictio et actio locati cum furti actione cumulari possunt sed inter semetipsas, alia, aliam consumit.

---

(2) Inst., liv. IV, tit. 6. § 19.

Cum ex uno delicto plures actiones defluunt, omnibus uti posse post magnos varietates obtinuit : quod autem ita intelligendum est ut quantum ex altera consecutus fuerit, tantum ex alterâ detrahatur.

Ita enim Paulus ait : si ex eodem facto duæ competunt actiones postea judicis potuis portes esse, ut quo plus fit in reliquâ actione, id actor ferat, si tantumdem aut minus *id consequatur* (Cuj. scripsit *nihil consequatur*).

Apud eumdem Paulum reperitur, si quis agerit vi bonorum raptorum etiam furti actione agere non potest; quod si furti elegerit actionem agere, potest vi bonorum raptorum, ita ut tamen non excedatur quadruplum.

Idem Paulus scripsit : qui rem rapuit et furti non manifesti tenetur in duplum et vi bonorum roptorum in quadruplum, sed si vi bonorum raptorum elegerit actionem, deneganda est furti actio; si furti actum sit non est deneganda vi bonorum raptorum, id tamen ut quod amplius in illa est consequatur.

Quod hactenus diximus locum obtinet, cum ex eodem facto nascuntur duæ actiones, quod si ex variis factis defluunt, omnes concurrunt; nunquam enim plura delicta concurrentia facere possunt ut ullius impunitas datur, neque enim delictum ob aliud delictum minuit pœnam.

Qui igitur hominem subripuit et occidit; quia subripuit, furti; quia occidit, aquilia tenetur, neque altera harum actionum alteram consumit; ad hoc attinet lex 60 ex libro xliv, tit. 7 Digestorum « nunquam actiones pœnales de eadem pecunia concurrentes alia aliam consumit. »

Idem dicendum, si rapuit et occidit quis hominem, nam et vi bonorum raptorum et aquilia tenebitur.

Item si quis subreptum flagello conderit, duobus actionibus tenebitur furti et injuriarum; et si hunc eumdem forte occiderit, tribus actionibus tenebitur.

Item si quis ancillam alienam subripuit et flagitaverit utràque actione tenebitur nam et servi corrupti et furti agere poterit.

Si quis servum vulneraverit quem subripuerat, duæ actiones locum habebunt, aquiliæ et furti.

CODE NAPOLÉON.

De l'administration paternelle pendant le mariage , et de l'administration du tuteur (art. 387 à 390, 450-475).

Notre loi française attribue au père et, à son défaut, à la mère, trois droits distincts : 1° le droit d'éducation et de correction ; 2° le droit d'usufruit ; 3° le droit d'administration. Nous n'avons pas à nous occuper du premier ; l'art. 387 nous oblige à parler des cas exceptionnels où le second ne peut être exercé, ce qui nous conduira naturellement à traiter de l'administration paternelle pendant le mariage, et ce sujet, à son tour, nous amènera à parler de l'administration du tuteur.

En règle générale, l'usufruit de tous les biens qui sont la propriété personnelle des enfants mineurs de dix-huit ans, appartient au père , et, à son défaut, cet usufruit est dévolu à la mère ; sauf ce qui est dit en l'art. 387 : l'usufruit légal des pères et des mères ne s'étendra point aux biens que les enfants pourront acquérir par une industrie ou un travail *séparés* , ni à ceux qui leur auront été donnés sous la condition *expresse* , que les père et mère n'en jouiront pas. La loi exige, ici, que les biens soient acquis par un travail ou une industrie séparés ; si l'enfant , en effet , n'applique son travail , son industrie, son commerce qu'aux affaires et intérêts de son père ou de sa mère, il ne peut demander à ses parents aucun salaire de ses soins : tout enfant doit rendre à son père ou à sa mère les bons offices dont il est capable , comme une sorte de compensation à l'éducation et à l'entretien qu'il reçoit d'eux.

Pour la deuxième exception , la loi veut que ce soit par une déclaration expresse que les père et mère soient privés de la jouissance légale , c'est à dire, que la loi exige la preuve d'une volonté non équivoque de la part du disposant.

Ce dernier cas, où l'usufruit des biens légués ou donnés est enlevé aux parents, fait naître une question délicate, celle de savoir si cette condition pourrait être efficacement imposée aux biens que l'enfant doit nécessairement recevoir à titre d'héritier réservataire. Nous ne le pensons pas, l'enfant ne pouvant pas être privé de recevoir une partie des biens, ne les reçoit, à proprement parler, quels que soient les termes d'une donation ou d'un testament qu'au titre d'héritier ; et, du reste, ce droit de l'époux survivant n'est autre chose qu'un droit de créance tout aussi respectable que les droits de tous autres créanciers contre lesquels ne peut prévaloir la volonté d'un disposant.

L'art. 387 n'indique que ces deux exceptions, il en est cependant deux autres que nous allons indiquer :

1° Le père ou la mère écartés d'une succession comme indignes, ne peuvent, en aucun cas, réclamer sur les biens de cette succession l'usufruit légal dont il est parlé au titre de la puissance paternelle (730, Code Napoléon). Cette déchéance ne s'applique, bien entendu, qu'à celui des époux déclaré indigne, et ne serait pas un obstacle à la jouissance de l'autre époux, dans le cas où elle peut avoir lieu. Ainsi, si c'est la mère qui est frappée de l'incapacité de recueillir la succession, son enfant y arrivant de son chef, le père aura la jouissance des biens de la succession : au contraire, si c'est le père qui est l'indigne, et si, par une cause quelconque, la puissance paternelle est dévolue à la mère, celle-ci, pourvu qu'il en soit temps encore, sera usufruitière légale.

2° Un avis du Conseil d'État en date du 30 janvier 1811, nous apprend que les père et mère n'ont pas la jouissance des biens composant un majorat.

Usufruitiers, le père ou la mère sont administrateurs de la nue propriété des biens dont ils jouissent, et tenus d'en rendre compte; quand, par un des motifs énoncés plus haut, l'usufruit n'est point détaché de la nue propriété, ou que cet usufruit vient à s'éteindre, le père ou la mère sont simplement administrateurs, comptables envers leurs enfants de la propriété et des revenus des biens qui appartiennent à ceux-ci. Cette administration appartient seulement au père pendant le mariage.

De l'administration paternelle pendant le mariage.

Tant que dure le mariage , le père administre seul les biens de ses enfants mineurs sous l'obligation de leur rendre compte , à la fin de sa gestion , de tous les revenus perçus et de la nue propriété. En cela, sa volonté est sa seule règle de conduite , n'étant nullement soumis ni au contrôle d'un subrogé tuteur , ni aux observations d'un conseil de famille , ses biens restant libres de toute hypothèque légale.

Le mariage vient-il à se dissoudre ; les choses changent subitement de face : le père devient tuteur ; ses biens sont frappés de l'hypothèque légale ; un conseil de famille est nommé ; un subrogé-tuteur lui est assigné pour contrôler ses actes.

Pourquoi cet effet produit par la dissolution du mariage ? Pourquoi lorsque l'époux survivant est le père, ne peut-il point agir aussi librement que pendant le mariage, surtout lorsqu'on vient à considérer que la disparition ou l'incapacité de la mère ne changeraient point son administration en tutelle. Dans ces hypothèses de disparition ou d'incapacité, il semble que la position des enfants , vis à vis de leur père , se trouvant la même qu'après la dissolution du mariage par la mort de la mère, il devrait y avoir lieu à l'ouverture de la tutelle. Si la loi en a décidé autrement, c'est donc que l'incapacité, la disparition ne sont pas considérées par elle comme des causes assez graves pour appeler les précautions rigoureuses d'une tutelle. Ceci tient sans doute aussi , à ce que ces circonstances , qui se présentent d'ailleurs assez rarement , ne sont que momentanées.

Il n'y a qu'un seul cas où la disparition de l'un des époux donne lieu à une espèce de tutelle que la loi prend le soin d'appeler tutelle provisoire. C'est quand celui des époux qui a disparu laisse des enfants mineurs issus d'un précédent mariage (143, Code Napoléon).

En résumé, le principe est celui-ci : tant que dure le mariage, l'administration subsiste , et la tutelle ne commence qu'à la mort de l'un des époux. Arrivés à la tutelle, nous allons étudier l'administration du tuteur.

2

De l'administration du tuteur.

L'homme naît faible , sa faiblesse dure pendant un certain nombre d'années ; ses facultés morales et physiques n'acquièrent que progressivement leur entier développement ; bien que ce développement arrive plus tôt chez les uns, plus tardivement chez les autres , comme il eut été difficile de l'apprécier séparément, la loi a fixé un âge égal pour tous, auquel elle le suppose arrivé : cet âge, la loi l'appelle celui de la majorité.

Avant la loi du 20 septembre 1792, dans presque la totalité des provinces françaises, la majorité était fixée à vingt-cinq ans, nos Coutumes avaient en cela suivi la loi romaine. La loi du 20 septembre, éditée en un temps, où les idées d'émancipation et de liberté étaient à l'ordre du jour, avança le temps où tout individu est maître de sa conduite, et où il peut exercer ses droits civils, et le fixa pour l'un et l'autre sexe à l'âge de vingt et un ans. Notre Code a consacré cette disposition législative en son art. 388.

Pendant tout le temps de sa minorité , l'enfant se trouve sous la puissance paternelle , puissance dévolue à la mère lors de la mort du père ; ce n'est point à dire que le défaut de l'un et de l'autre des appuis que la nature nous a donnés, ne donne lieu à l'ouverture de la tutelle lorsque c'est par la mort que l'un de ces deux appuis manque à l'enfant. Sans plus traîner en longueur, traitons maintenant de l'administration du tuteur, matière que nous divisons en trois chapitres :

Le premier, traitant de l'administration relativement à la personne du pupille ;

Le second, de l'administration des biens du pupille ;

Le troisième, du rendement de comptes du tuteur.

CHAPITRE I.

ADMINISTRATION DU TUTEUR RELATIVEMENT A LA PERSONNE DU PUPILLE.

Le tuteur est chargé de prendre soin de la personne du mineur, c'est à dire, que le tuteur est chargé du soin d'élever et de garder l'enfant. Cette première disposition de l'art. 450 ne doit pas être considérée comme attribuant nécessairement au tuteur ce droit d'éducation et de garde : En effet, supposons la mère survivante, ayant refusé d'accepter la tutelle (faculté qui lui est accordée par l'art. 394), la mère exercera la puissance paternelle et sera seule chargée du soin d'élever et de garder ses enfants, ce n'est qu'à la mort du survivant des père et mère que ce droit se réunit au pouvoir tutélaire, dont l'essence est de représenter le mineur dans tous les actes civils. Le droit de la puissance paternelle se réunit également aux pouvoirs du tuteur dans le cas où le survivant des père et mère est incapable de l'exercer. Dans ces hypothèses et dans beaucoup d'autres, le tuteur a le droit d'éducation, mais il n'a jamais ceux de corriger et d'émanciper l'enfant, droits exclusivement attribués au père ou à la mère, et, à leur défaut, au conseil de famille (articles 468, 478).

Nous avons dit plus haut qu'il était de l'essence du pouvoir tutélaire de représenter le mineur dans tous les actes civils ; nous rappelons ici cette proposition pour indiquer en premier lieu la différence qui existe entre notre droit et la loi romaine, et, en second lieu, pour noter les exceptions apportées au principe de la représentation de l'enfant par le tuteur.

A Rome, le tuteur n'agissait point pour le pupille, il complétait (*augebat*), sa personne, et encore, comme nous le voyons au titre xxi des Institutes, cette *auctoritas* du tuteur n'était nécessaire que pour certains actes. Sous le Code Napoléon, le tuteur n'est point donné au pupille pour l'autoriser à faire les actes de la vie civile, mais pour le remplacer dans leur exercice, seul ou avec l'autorisation du conseil de famille ; nous ne saurions, du reste, nous servir d'une meilleure expression que celle employée par la loi : *le tuteur représente la personne de son pupille* dans tous les actes civils. Si absolus que soient ces mots, *tous les actes civils,* le tuteur ne représente cependant pas le mineur quant au mariage, on ne se marie plus par procuration. Le tuteur ne stipule même point pour le mineur, c'est lui qui se marie, lui qui fait ses conventions matrimoniales ; mais seulement il faut, pour qu'il agisse valablement, qu'il soit pourvu du consentement du conseil de famille (art. 160, 1309, 1378). Afin d'éviter toute équivoque sur ce point, nous devons dire que le père ou la mère tuteurs peuvent seuls donner leur consentement pour le mariage de leurs enfants.

Le mineur âgé de seize ans accomplis peut également, sans l'assistance de personne, faire son testament suivant les règles établies en l'art. 904 au titre des successions et des testaments.

CHAPITRE II.

DE L'ADMINISTRATION DES BIENS DU PUPILLE.

Nous diviserons ce deuxième chapitre en trois sections :

1° Des actes que le tuteur doit ou peut faire sans le conseil de famille ;

2° Des actes que le tuteur ne peut faire qu'avec l'autorisation du conseil de famille, laquelle, dans certains cas, a même besoin d'être homologuée par le tribunal de première instance ;

3° Des actes qui sont absolument interdits aux tuteurs.

Il est indispensable, avant tout, de parler des précautions préliminaires que prend le conseil de famille lors de l'entrée en exercice de toute tutelle autre que celle des pères et mères.

Le conseil de famille règle donc, comme nous le dit l'art. 454, la somme à laquelle pourra s'élever la dépense annuelle du mineur, et celle que le tuteur pourra dépenser pour l'administration de ses biens. Dans la fixation de ces sommes, le conseil de famille n'a d'autre règle à suivre que ce que commande la prudence ; par conséquent, il doit surtout considérer l'importance des biens. Cette somme une fois fixée et accordée au tuteur pour subvenir aux frais de son administration, il était logique de s'occuper immédiatement de ce qu'il devait faire des fonds non employés. Le conseil détermine donc la somme à laquelle commencera, pour le tuteur, l'obligation du remploi, et en même temps le mode de ce remploi ; si le conseil de famille n'a pas délibéré sur ce dernier point, le tuteur, sous sa responsabilité, sera libre d'agir selon son bon vouloir. Le remploi de ces sommes devra, dans tous les cas, être fait dans le délai de six mois , si par mégarde ou négligence le tuteur n'a point fait fixer la somme à laquelle devra commencer le remploi ; il devra , dans le même délai , remployer toute somme quelque modique qu'elle soit. La sanction de cette disposition, est que le tuteur assez négligent des intérêts de son pupille pour ne pas faire ce remploi en devra l'intérêt , sans qu'il soit besoin d'une citation en justice, à l'expiration du délai de six mois.

Devons-nous conclure de là que le tuteur ne doit l'intérêt des sommes non remployées qu'à partir de six mois écoulés depuis le jour où elles ont été remises entre ses mains ; rien ne nous autorise à conclure affirmativement , et , bien plus, l'art. 1996 , en nous apprenant *que le mandataire doit l'intérêt des sommes, qu'il a employées à son usage , à dater du jour de cet emploi* , nous amène à dire que le tuteur qui , avant l'échéance des six mois , aurait employé à son usage l'argent de son pupille , lui en devrait l'intérêt à compter du jour où il s'en serait servi. Nous n'hésitons même pas à ajouter qu'il en serait ainsi à l'égard du tuteur, qui , débiteur de son pupille d'une somme exigible, l'aurait employée à son usage personnel ; dans ce cas, comme dans le premier, il est vrai de dire que le tuteur s'est servi de l'argent du pupille. Le tuteur ne peut également prescrire aucune dette contre son pupille : bien entendu, nous ne parlons ici que des petites prescriptions , puisque le principe général est que la prescription ne court point contre les mineurs. La raison de ceci est facile, le tuteur est obligé d'empêcher les prescriptions possibles sous sa responsabilité ; si donc il avait prescrit, il devrait à titre de dommages et intérêts ce qu'il devait comme débiteur ordinaire.

Le conseil de famille décide également si le tuteur pourra se faire aider, dans son administration, d'un ou de plusieurs gérants agissant sous sa responsabilité.

Telles sont les formalités qui précèdent l'entrée en gestion de tous tuteurs, formalités dont sont dispensés les père et mère.

SECTION PREMIÈRE.

Des actes que le tuteur peut et doit faire sans le concours du conseil de famille.

Nous ne saurions trop insister sur ce point, que le tuteur est le représentant du mineur pour tous les actes de la vie civile, c'est à dire, qu'il est le mandataire du mineur, qu'il peut agir en son nom et pour lui; telle est la règle que nous devons nous attacher à développer dans cette première section, tandis que dans les suivantes, nous indiquerons les exceptions au principe.

Le tuteur administre les biens du mineur; il exerce les actions possessoires et les actions mobilières, il interrompt toutes les prescriptions, il doit même défendre aux actions immobilières et aux demandes en partage. C'est lui qui reçoit les remboursements des sommes prêtées, qui en donne valablement décharge, qui passe les baux à loyer ou à ferme (ceci seulement comme un administrateur peut le faire suivant les règles indiquées aux articles 1429, 1430); le tout sous sa responsabilité.

Afin d'établir la base de cette responsabilité, le tuteur doit dresser un inventaire fidèle et exact des biens composant la fortune du mineur, et ce en présence du subrogé tuteur; cet inventaire doit être fait dans les dix jours de sa nomination, ou de celui où cette nomination lui a été connue. Cet inventaire sera dressé lors de la levée des scellés dont l'apposition est toujours nécessaire dans le cas d'une succession dévolue à des mineurs (819, Cod. Nap.),

L'article 451 nous dit: *dans les dix jours qui suivront la nomination du tuteur,* etc. Cette disposition de notre article ne s'applique-t-elle qu'au tuteur nommé et s'applique-t-elle même toujours au tuteur nommé? Nous ne le pensons pas; nous croyons, au contraire, que le tuteur légitime n'ayant point l'usufruit légal, rentre pour ce cas dans la classe des tuteurs nommés, qu'il est soumis en conséquence à faire inventaire dans les dix jours. D'un autre coté, le tuteur qui succède à un autre évincé ou excusé, n'a pas besoin de faire confectionner cet inventaire lorsque l'enfant n'est pas l'héritier du précédent tuteur. La fortune de l'enfant n'ayant nullement changé de face et se trouvant constatée dans un inventaire antérieur, un second deviendrait non seulement inutile, mais nuisible même aux intérêts du pupille qui devrait en supporter les frais. Ceci nous amène à ajouter que si dans cette hypothèse, c'est à dire, dans le cas où l'enfant n'est point l'héritier du précédent tuteur, l'inventaire est inutile, il devient nécessaire lorsqu'une donation est faite ou qu'une succession est échue au mineur. Le premier inventaire, en effet, ne constate plus la véritable position de fortune du pupille. Dans l'inventaire, le tuteur doit, à peine de déchéance, déclarer les créances qu'il peut avoir contre son pupille, et ce à la réquisition du notaire qui préside à la confection de l'inventaire. Il est facile de comprendre cette disposition de la loi, le tuteur étant seul chargé de donner quittance des créances payées.

La loi n'accorde au tuteur qu'un simple délai de dix jours pour procéder à inventorier la fortune du mineur; il est cependant un cas où ce délai est changé par la loi elle-même, c'est celui où le tuteur est le survivant des père et mère mariés en communauté, qui se trouve sous l'empire du droit commun relativement au délai pour faire inventaire; ce délai est de trois mois. La conséquence, ici, du défaut d'inventaire est de priver le survivant des père et mère de la jouissance légale (art. 1442, Cod. Nap.)

Mais maintenant quel sera l'effet du défaut d'inventaire, soit dans le cas de l'art. 451, soit dans celui où une succession ou bien une donation vient à s'ouvrir ou à être faite en faveur du pupille?

Ce sera d'accorder au mineur, de faire, tant par titres que par témoins, même par commune renommée, la preuve de la valeur des choses qui auraient dû être inventoriées, l'art. 1348 permet ces sortes de preuves à tout créancier qui n'a pas pu se procurer une preuve par écrit.

Une fois l'inventaire confectionné, dans le mois qui suit la clôture, le tuteur doit faire vendre aux enchères, en présence du subrogé-tuteur, tous les meubles que le conseil de famille ne l'a point *autorisé* à conserver. La loi n'a pas voulu que les choses sujettes à dépérissement restent entre les mains du tuteur sans profit pour le pupille.

La loi *oblige le tuteur à vendre, le conseil de famille l'autorise à conserver;*

de là, si nous rapprochons nôtre art. 452 de l'art. 533, nous le trouverons singulièrement restreint. En effet, dans ce mot meubles employé par la loi, *sans autre addition ni désignation*, ne se trouve point compris les hardes, les livres, les médailles, les instruments des sciences, des arts, des métiers, les grains, foins et autres denrées, etc. Si nous étions logiques dans l'interprétation de ces deux articles, nous devrions en conclure qu'un tuteur devrait soigneusement conserver à son pupille les hardes d'une tante prédécédée qui l'aurait institué héritier. Ces conséquences, et mille autres semblables, sont on ne peut plus contraires au but que la loi se propose; nous devons donc dire que le tuteur comprendrait mal les intérêts de son pupille s'il ne se défaisait point immédiatement des vieilleries inutiles, comme surtout des denrées, des foins et grains, toutes choses que le temps ne sait pas épargner. Nous devons même ajouter que, ces actes étant ceux d'un bon administrateur, le tuteur devant agir en tout en bon père de famille, il serait responsable des pertes occasionnées par la conservation des denrées, grains, instruments, etc.

Les père et mère, tant qu'ils ont la jouissance légale des biens de leurs enfants, ne sont point forcés de vendre les meubles, on ne pouvait, en effet, changer contre leur gré la nature de leur jouissance, seulement, ils doivent les faire estimer afin d'en rendre la valeur s'ils ne peuvent les représenter en nature. Cette estimation sera faite par un expert choisi par le subrogé-tuteur; l'expert prêtera serment entre les mains du Juge de Paix, et tout ceci, pour garantir plus sûrement les intérêts du mineur. Cette estimation devra être faite à juste prix, c'est à dire, sans crue.

Ces mots *à juste prix et sans crue*, mis à la suite du mot *estimation*, se rencontrent assez souvent dans le Code pour nous permettre d'en donner ici l'explication. Cette explication est toute historique :

Un édit de février 1556, rendait les experts-priseurs garants de la valeur qu'ils donnaient à un objet, et permettait au propriétaire de le leur laisser pour compte, si cet objet ne se vendait pas au prix de l'estimation. Les experts prirent alors l'habitude de les estimer au dessous de leur valeur, d'une certaine partie aliquote, ordinairement c'était d'un quart; et de là, chez ceux qui faisaient estimer, n'acquit l'habitude d'ajouter au prix de l'estimation une

partie aliquote proportionnelle. Cette partie s'appelait *crue*. Notre législateur
a voulu faire rentrer les choses dans leur état habituel, et par conséquent
remplacer cet usage par une loi. En ne rendant plus l'expert responsable de
son estimation, la loi l'oblige à estimer les objets à leur juste valeur.

SECTION II.

Des actes que le tuteur ne peut faire qu'avec l'autorisation du conseil de famille,
laquelle, dans certains cas, a besoin d'être homologuée.

Afin que le tuteur ne soit point gêné dans son administration par des motifs d'intérêt personnel, il faut autant que possible éviter avec soin de le
mettre sur ce point en opposition avec son pupille, c'est pour cela qu'en
principe, le tuteur ne peut prendre à ferme les biens de son pupille. Les intérêts du mineur pourraient cependant être compromis par une prohibition
absolue, il faut affermer les biens, et il ne se rencontre pas de fermier. Le
législateur a donc décidé que le tuteur pourrait prendre à ferme les biens de
son pupille.

Ce sont là des actes d'une haute importance; aussi n'est-ce point sans
formalités que le tuteur peut devenir le fermier du mineur : on exige
d'abord l'assentiment du conseil de famille, et pour plus de garantie on
veut que ce soit le subrogé-tuteur qui passe le bail.

Nous avons dit plus haut que nous examinérions dans la présente section et la suivante les dérogations au principe que le tuteur est le représentant du pupille, nous avons déjà indiqué quelques exceptions, nous ajoutons que pour les actes importants, le tuteur ne peut agir seul, son pouvoir devient insuffisant, et le conseil de famille est appelé pour ainsi dire à
le compléter en donnant au tuteur autorisation de faire ces actes.

Ainsi, le tuteur ne peut accepter ni répudier une succession dévolue au
mineur sans y être préalablement autorisé par le conseil de famille, l'accep-
tation ne peut jamais avoir lieu que sous bénéfice d'inventaire (461, Cod. Nap.).

3.

Cette dernière partie de notre article semble diminuer de beaucoup l'importance d'une acceptation. On comprend aisément que le tuteur ne puisse répudier de son chef une succession échue au mineur, il pourrait en cela porter un grave préjudice à la fortune de ce dernier. Mais puisqu'en acceptant, il ne peut accepter que sous bénéfice d'inventaire, c'est à dire ne faire participer le mineur qu'au bénéfice de la succession, ne semble-t-il pas que la fortune de celui-ci ne peut jamais être mise en péril par une acceptation bénéficiaire.

La disposition de l'art 843 est la réponse à cette question : tout héritier *même bénéficiaire* doit rapporter à la masse tout ce qu'il a reçu du défunt à d'autres titres qu'à celui de préciput ou d'hors part. Il était donc possible que la part de la succession revenant au mineur fût moins considérable que le montant des biens donnés; et sans nous arrêter plus longtemps à des considérations pécuniaires, nous pouvons faire valoir en faveur de notre art. 464 des raisons d'un ordre plus élevé. Il peut exister des raisons morales qui doivent donner lieu à la répudiation du titre d'héritier; les biens composant cette succession ont pu être acquis par des moyens qui nuiraient à l'avenir de l'enfant.

Sous quel point de vue qu'on l'envisage, l'acceptation bénéficiaire est donc une chose grave, et nous ne devons plus nous étonner de trouver ici que l'autorisation du conseil de famille soit nécessaire.

La loi passe sous silence les legs universels et à titre universel. A leur égard, nous décidons que l'autorisation du conseil de famille est nécessaire pour leur acceptation, car celle-ci emporte pour le légataire l'obligation d'acquitter les dettes et charges de la succession (art. 1009, 1012, Cod. Nap.). Pour l'acceptation du legs particulier, le tuteur peut agir seul.

Dans le cas où la succession échue au mineur aurait été répudiée, et n'aurait pas été acceptée par d'autres, le tuteur pourra la reprendre muni à cet effet de l'autorisation du conseil de famille; le mineur devenu majeur pourra également reprendre cette succession s'il en est temps encore; dans tous les cas, on ne peut attaquer les ventes et actes valablement faits pendant la vacance. Tout ceci sauf la différence qui existe entre le majeur et le mineur relativement à la prescription (2252, Cod. Nap.).

Les donations ne sont acceptées que comme les successions. Seulement nous voyons au titre des donations (art. 935, Cod. Nap.), que les ascennants peuvent, sans être tuteurs, accepter les donations faites à leurs enfants mineurs; il suit de là que le pouvoir d'accepter une donation est attaché au titre d'ascendant, par conséquent un ascendant tuteur pourra accepter la donation faite à son pupille sans l'autorisation du conseil de famille, non point parce qu'il est tuteur, mais parce qu'il est ascendant.

Les tuteurs, quels qu'ils soient, même les père et mère, ne peuvent emprunter pour le mineur, ni aliéner, ni hypothéquer ses biens immeubles sans l'autorisation du conseil de famille ; de plus, en considération de la gravité de ces actes, il faut l'homologation du tribunal. Nous verrons bientôt que d'autres précautions sont prescrites par la loi pour les cas d'emprunt, d'aliénation ou d'hypothèque. La loi ne parle que des immeubles, et, ainsi que nous l'avons déjà dit, elle exige même que les meubles soient vendus à moins que le tuteur n'ait été autorisé à les conserver en nature. Cependant, il peut y avoir dans la fortune mobilière du mineur des choses d'une grande valeur qui ne soient guère plus sujettes au dépérissement que les immeubles, et dont l'aliénation pourrait être une opération de la plus haute importance. Nous voulons parler des rentes soit sur l'Etat, soit sur particuliers. Dans le cas où des rentes sur l'Etat auraient été immobilisées, comme l'art. 7 du décret du 16 janvier 1807, titre 4, le permet aux actionnaires de la Banque de France, ces rentes sont définitivement rangées parmi les immeubles et régies comme tels. Pour celles qui sont restées meubles, une loi du 24 mars 1806, art. 3, exige que, pour les transférer, le tuteur ait obtenu l'autorisation du conseil de famille, lorsque le revenu excéderait cinquante francs. Cette autorisation est, du reste, la seule formalité exigée pour le transport des rentes appartenant à des mineurs en tutelle.

Revenons aux emprunts à contracter pour le mineur, à l'aliénation de ses immeubles et à la concession d'hypothèques. Ici, l'autorisation du conseil de famille ne devra être accordée que pour cause d'une absolue nécessité ou d'un avantage évident. Ainsi, une acquisition avantageuse se présente-t-elle, c'est un bien, par exemple, qu'on vend cent mille francs et qui vaut plus du double, le tuteur pourra dans cette hypothèse, nous le pensons du moins, être autorisé à vendre pour acheter. Ou bien c'est un pupille pauvre et sans ressource ne pouvant embrasser ni art ni métier : le conseil de famille devra autoriser le tuteur à emprunter pour le pupille. La nécessité qui se présente en première ligne, c'est de donner pour l'avenir des ressources à ceux qui en manquent, et les meilleures, sans contredit, sont celles que donnent les métiers ou les états.

Pour l'emprunt, le conseil de famille n'accordera son autorisation qu'autant que les revenus seront, par un compte sommaire, démontrés insuffisants. Pour le cas de vente, le conseil indiquera ceux des biens qu'il faudra vendre de préférence, et imposera toutes les conditions de la vente, sans préjudice des formalités exigées par la loi en ce qui touche la publication et les enchères.

Ne pouvant aliéner sans l'autorisation du conseil de famille, le tuteur ne peut pas davantage provoquer un partage de biens appartenant au mineur. Le partage, en effet, n'est autre chose qu'une aliénation. Nous remarquerons en passant que la loi ne distingue pas ici le partage des meubles et le partage des immeubles. Puisque nous considérons cette prohibition de la loi imposée au tuteur de provoquer un partage, comme une conséquence toute naturelle du principe que le tuteur ne peut aliéner les biens de son pupille, le raisonnement nous conduirait invinciblement à dire que pour provoquer un partage de meubles l'autorisation du conseil de famille n'est point nécessaire. Toutefois, nous ne trouvons rien dans la loi écrite qui puisse nous faire autoriser ce que la loi n'autorise pas; ainsi, nous nous contenterons de faire remarquer que ce manque de distinction entre les meubles et les immeubles, lorsqu'il s'agit de partage, est une exception au principe général.

Le partage des biens des mineurs ne peut se faire qu'en justice, d'après les règles indiquées au titre des successions, art. 815 et suivants. Une question s'élève ici entre les jurisconsultes, sur le point de savoir si un partage ayant été fait entre majeurs et mineurs, en dehors des règles prescrites par la loi, ce partage sera provisionnel à l'égard de tous. Beaucoup de juristes soutiennent que les majeurs ne pourront se prévaloir contre un partage ainsi fait, de cette qualité de provisionnel. Sans entrer dans la discussion de cette question importante, nous concluons différemment, en nous en tenant à la décision portée aux art. 466 et 840 du Code Napoléon.

D'autres conséquences à tirer du principe que le tuteur ne peut aliéner seul les biens du pupille, c'est qu'il ne peut introduire en justice une action relative aux droits immobiliers du mineur, ni acquiescer à une demande relative aux mêmes droits sans l'autorisation du conseil de famille. La loi ne veut pas que le tuteur mette en danger les droits immobiliers de l'enfant en intentant une action, pas plus qu'elle ne veut les voir légèrement sacrifiés par un acquiescement aux prétentions de l'adversaire. Il suit de cette défense d'acquiescer l'obligation pour le tuteur de défendre à toutes les actions immobilières, sauf l'obligation pour lui de demander au conseil de famille le pouvoir d'acquiescer s'il trouve que ce dernier moyen est le plus avantageux à son pupille.

Si, nonobstant la prohibition de la loi, le tuteur intentait une action immobilière ou y acquiesçait, l'acquiescement et l'assignation ne seraient point valables. Toutefois, pour le cas d'assignation, nous devons ajouter que, si l'adversaire était venu plaider sans réclamation, la nullité de l'assignation serait couverte et que le défendeur ne pourrait plus en argumenter contre le mineur dans le cas où il perdrait son procès. Dans le cas contraire, puisque le mineur n'aurait point été valablement représenté, il ne serait pas lié vis à vis de celui qui a obtenu gain de cause contre lui.

Enfin, le tuteur ne peut transiger au nom du mineur, la transaction est un acte plus grave encore que l'acquiescement. En effet, quand quelqu'un se soumet aux prétentions de son adversaire, c'est qu'il les reconnaît justes et bien fondées, tandis que celui qui transige sacrifie des droits qu'il croit et qui peuvent être justes. Aussi, l'art. 467 ne se contente-t-il plus ici d'exiger l'autorisation du conseil de famille. La transaction n'est permise au tuteur, même pour les meubles (la loi ne distingue pas), qu'après l'autorisation du conseil de famille donnée sur l'avis de trois jurisconsultes et homologuée par le tribunal de première instance.

SECTION III.

Des actes qui sont absolument interdits au tuteur.

Pour terminer ce second chapitre de notre division, il nous reste à parler des actes qu'une sage précaution de la loi a interdits au tuteur à cause de la facilité qu'il aurait par eux de léser à son profit les intérêts de son pupille. Ces actes sont :

1° Le compromis sur tout ce qui intéresse le pupille ;

2° L'achat des biens du pupille ;

3° L'acceptation d'une cession de créance contre le pupille.

1° Le compromis laisse à l'arbitrage de tiers le soin de vider le litige, c'est donc un acte plus grave que ceux que nous venons de passer en revue , et si le Code ne défend pas explicitement le compromis, du moins l'art. 1989 , au titre du mandat, déclare que le pouvoir de transiger donné au mandataire n'emporte pas celui de compromettre ; d'ailleurs , des textes combinés de l'art. 1004 et de l'art. 83 (Code Pr.), portant l'un que le compromis est impossible pour toutes les contestations sujettes à communication au ministère public , l'autre que les causes des mineurs doivent être communiquées au Procureur impérial, il suit pour le tuteur une défense formelle de compromettre ;

2° et 3° L'art. 450 défend formellement au tuteur de se porter soit acquéreur des biens du pupille, soit cessionnaire d'un droit de créance contre lui , et cela par le motif que nous avons allégué en commençant notre présente section. Si le tuteur contrevenait à la première prohibition , la vente serait nulle, elle le serait également dans le cas où l'acquisition aurait eu lieu par personnes interposées (1596, Code Napoléon, titre de la vente). Sur ce point, pas de difficulté, il en est tout différemment en ce qui touche la seconde prohibition de l'art. 450. Cette cession est-elle nulle en ce sens que le cédant sera toujours réputé créancier, ou bien l'est-elle seulement dans les rapports du pupille ou du tuteur?

Un auteur célèbre, M. Zachariæ, a adopté la première opinion, qui nous semble cependant difficilement admissible; nous pencherons donc à croire que le cédant ne sera plus le créancier du pupille et que le tuteur perdra contre lui son bénéfice de cessionnaire.

Cette disposition de l'art. 450 ne peut pas être cependant opposée au tuteur dans le cas où celui-ci, débiteur solidaire avec son pupille, aurait payé la totalité de la dette et agirait en vertu de la subrogation légale.

CHAPITRE III.

DES COMPTES DE TUTELLE.

A la fin de toute tutelle, le tuteur, même le père ou la mère, doit rendre compte de son administration, et toute convention qui l'en dispenserait, serait nulle comme contraire aux bonnes mœurs : administrateur et non comptable sont, en effet, deux idées incompatibles en morale; quand on confie l'administration d'une fortune à une personne quelconque, on ne la rend point maîtresse d'en disposer et on ne lui donne pas le droit de s'approprier les biens qui la composent, nous voyons donc que le rendement de comptes est une obligation corrélative des droits d'un tuteur.

Cette nécessité morale n'existe pour tout administrateur qu'à la fin de sa gestion, cependant le conseil de famille, pour plus de garanties, peut exiger que durant la tutelle, le tuteur remette au subrogé-tuteur des états constatant son administration. Ces états sont de simples actes faits et remis sans frais, et le tuteur ne peut être astreint à en présenter plus d'un chaque année.

Le législateur a pensé que cette précaution était inutile dans le cas où la tutelle était gérée par le père ou la mère; leur affection, l'intérêt qu'ils portent à leurs enfants sont à ses yeux des garanties suffisantes.

Examinons maintenant suivant quelle règle doivent être rendus les comptes de tutelle, et disons d'abord qu'aucune forme particulière n'est assignée pour la reddition des comptes : les contestations qui s'élèvent à ce sujet sont jugées comme tout autre matière civile, et le tribunal compétent est celui du lieu de l'ouverture de la tutelle (527 Cod. Proc. Civ.). La reddition des comptes peut également se faire à l'amiable.

Le compte de tutelle est rendu aux frais du mineur, et le tuteur en fait l'avance (474) : nous ne nous en tenons pas ici aux termes de la loi qui n'applique cette disposition qu'aux comptes définitifs, car les motifs qui l'ont fait naître sont les mêmes pour tous les cas où la tutelle vient à prendre fin, nous n'établissons donc aucune différence entre les diverses manières par lesquelles finit la tutelle.

Avant la reddition de comptes il ne peut intervenir entre le tuteur et le pupille aucune espèce de convention valable (472), et nous ajoutons aux termes de la loi les mots suivants : *relativement à la tutelle*. Par conséquent nous trouvons que les termes de la loi sont ici trop généraux. Suivant nous et la plupart des juristes, la disposition de l'art. 472 ne s'applique qu'à la reddition de comptes, et à la gestion du tuteur. On comprend aisément que le législateur a dû mettre en garde le nouveau majeur inexpérimenté, contre une trop grande précipitation à se débarrasser des comptes qu'il a à recevoir et contre une trop grande facilité à consentir des traités désavantageux relatifs à ses comptes ; tandis qu'on ne comprendrait pas aussi facilement le motif qui pourrait empêcher un majeur, vis à vis de son ancien tuteur, comme vis à vis de tout autre, sur des objets entièrement étrangers à la tutelle, surtout si nous nous plaçons en face de la disposition de l'art. 2045-2°, au titre des transactions, exigeant que le tuteur se conforme, pour transiger, avec son ancien pupille ; *sur le compte de tutelle*, aux dispositions de notre article 472 et passant sous silence toute autre espèce de transaction. Enfin, pouvons-nous ajouter encore à l'appui de notre opinion : l'article 472 est une exception au principe général et les exceptions ne doivent pas être étendues en dehors des termes de la loi.

Lorsque le tuteur présente son compte, il doit l'appuyer de pièces justificatives ; il ne suit pas de là qu'il doit prouver toutes ses dépenses par l'exhibition des quittances. Il est, en effet, bien des dépenses qui se présument avantageusement faites et pour lesquelles l'usage ordinaire est de ne pas exiger la quittance du créancier. Les tribunaux, du reste, ont sur ce point un pouvoir discrétionnaire tout en devant se conformer aux précautions préliminaires prises par le conseil de famille qui a fixé la somme où doit s'élever la dépense annuelle du mineur.

Si le tribunal n'a pas alloué au tuteur toutes les dépenses qu'il porte en compte, celui-ci devra la somme à laquelle s'élèvera le reliquat des comptes, et cette somme portera intérêt de plein droit, du jour de la clôture des comptes. Les sommes, au contraire, dont le mineur pourrait être redevable à son tuteur, ne portent intérêt qu'à compter du jour de la citation en justice. L'inexpérience de l'ex-mineur détermine en sa faveur cette dérogation à la règle de l'art. 1153 qui ne fait courir les intérêts des sommes prêtées ou avancées que du jour de la citation en justice. Le motif de cette dérogation n'existe certainement pas pour le tuteur, aussi le voyons-nous soumis à la règle générale.

Malgré son désir de défavoriser les mineurs, la loi ne pouvait astreindre l'ancien tuteur à conserver pendant trente années les pièces justificatives de ses comptes, elle pouvait encore moins le forcer à garder le souvenir des preuves non écrites, aussi fait-elle ici pour le tuteur exception à la règle de la prescription trentenaire, et borne-t-elle à dix ans, le laps de temps pendant lequel le mineur peut exercer contre son tuteur des actions relatives à la tutelle.

En terminant, il ne sera peut-être pas hors de propos d'ajouter que la contrainte par corps peut être autorisée contre le tuteur pour la reddition de ses comptes (Art. 126. Cod. Proc. Civ.).

CODE DE PROCÉDURE CIVILE.

Liv. II, Tit. II.

Des Ajournements. — Formalités et remises des exploits.

(ART. 61 ET SUIVANTS.)

Il est de droit naturel qu'on ne peut condamner quelqu'un sans qu'il soit au moins appelé à se défendre ; les lois et les coutumes qui seraient en contradiction avec ce principe ne pourraient s'appeler que lois ou coutumes barbares. Aussi de tout-temps et chez tous les peuples civilisés, celui qu'on accusait ou dont on contestait les droits a-t-il été appelé à présenter ses moyens de défense.

A Rome, lorsqu'un litige s'élevait, le demandeur amenait lui-même le défendeur devant le juge ; si le défendeur, pour éviter sa poursuite, se retranchait dans son domicile, retraite inviolable, le demandeur avait recours au Préteur qui, sur sa réclamation, rendait un édit pour faire comparaître le défendeur devant son tribunal.

Sous notre ancien Droit, c'était un sergent assisté de deux recors qui citait verbalement le défendeur : il faisait ensuite déclaration au greffe que la citation avait été faite, et il appuyait cette déclaration du témoignage des recors dont il avait été assisté. Aujourd'hui c'est un huissier qui, au nom du demandeur, remet un acte au défendeur pour obliger celui-ci à comparaître, en d'autres termes à constituer avoué dans le délai fixé par cet acte.

Cette citation écrite prend le nom *d'exploit d'ajournement*, la dénomination qui remonte au commencemet du xiv° siècle.

Ainsi donc il faut un acte écrit pour notifier au défendeur que quelqu'un soulève un procès contre lui, et veut le soutenir en justice. Longtemps, le mode verbal a été le seul employé, malgré même une ordonnance de 1539 qui exigeait la forme écrite : depuis environ deux siècles, l'ordonnance a été mise à exécution, et depuis la publication du Code de procédure, il n'y a pas eu d'exemple de citation verbale.

Passons maintenant à l'étude du fonds de notre sujet que nous divisons ainsi qu'il suit :

1° Des formalités de l'exploit ;

2° A qui doit être remis l'exploit d'ajournement ?

3° Des délais de l'exploit d'ajournement.

§ I. — *Des formalités de l'exploit d'ajournement.*

L'art. 61 du Code de procédure nous indique quel doit être le contenu de l'exploit d'ajournement ; ce n'est point seulement à cette sorte d'exploit que s'applique notre article, mais encore à tous les autres.

En premier lieu la loi exige la date du jour, mois et an : il faut nécessairement que le défendeur connaisse le point de départ du délai dans lequel il doit comparaître. Tout le monde toutefois est d'accord, que s'il ne pouvait y avoir de doutes sur la date de l'exploit, la nullité ne pourrait être prononcée contre cet acte pour défaut d'énonciation de date. L'exploit contient également les noms, profession et domicile du demandeur, la constitution de l'avoué qui occupera pour lui et chez lequel l'élection de domicile sera de droit, à moins d'une élection contraire. On admet encore ici que s'il était impossible de se tromper sur la personne, le défaut de nom, de profession n'entraînerait point la nullité. La constitution d'avoué doit être faite en termes exprès, et il ne suffirait pas que l'exploit contienne simplement élection de domicile chez un avoué, afin d'indiquer que cet avoué occupera pour le demandeur, puisqu'il est plausible à celui-ci de faire élection de domicile chez un avoué autre que l'avoué occupant.

Les noms, demeure, l'immatricule (c'est à dire le numéro sous lequel l'huissier est inscrit au tableau) de l'huissier, doivent figurer dans l'exploit, ainsi que les noms, profession et domicile du défendeur ; en outre il est, essentiel que toutes les parties soient informées du point litigieux comme aussi du titre sur lequel sont fondées les prétentions, c'est pour cela que l'on doit consigner dans l'exploit d'ajournement l'objet du litige et les titres sur lesquels s'appuie le demandeur.

Tout cela ne constituerait point encore un exploit tel qu'il doit être présenté, aussi faut-il ajouter, la désignation du tribunal où le procès doit être jugé et le délai de la comparution ; telles sont les formalités requises par l'art. 61. On se demande ici s'il suffirait que l'exploit dise simplement : *le tribunal compétent, le délai assigné par la loi,* nous répondons négativement à la première partie de la question, sauf à en établir la preuve ; et pour la seconde nous disons que la jurisprudence actuelle trouve cette indication suffisante.

Toutes les énonciations exigées par la loi doivent être faites en termes tels qu'il ne puisse y avoir de doute, et le législateur prend, pour arriver à ce but, toutes les précautions désirables ; nous voyons, en effet, à l'art. 64 de notre présent Code, que si l'objet litigieux est un immeuble, l'exploit doit en indiquer les confins, et que s'il s'agit d'un corps de domaine, il faudra au moins en signaler le nom dans l'exploit.

La loi veut encore que le défendeur connaisse non seulement la demande, les moyens sur lesquels s'appuie le demandeur, mais encore les pièces justificatives de ces moyens. Ces pièces doivent être signifiées en même temps que l'exploit d'ajournement pour entrer en taxe. On joint à tout cela le procès-verbal de non conciliation ou de non comparution devant le Juge de Paix. Enfin, et pour terminer l'exploit d'ajournement, afin que le client ne soit pas abusé dans sa bonne foi, l'huissier doit mettre tant sur l'original que sur la copie de l'exploit d'ajournement le coût d'icelui : la sanction de cette dernière disposition est d'infliger cinq francs d'amende à l'huissier contrevenant. On a eu plus d'une fois à regretter que la loi ne se soit pas montrée plus sévère à l'égard de ces officiers ministériels.

L'huissier ne peut instrumenter que dans le ressort de son tribunal, et ne peut exiger pour tous les frais de déplacement qu'une journée au plus. Il ne peut instrumenter pour ses parents ou alliés jusqu'au cinquième degré exclusivement, il peut au contraire instrumenter contre eux. La loi veut éviter par là un abus de l'ancienne jurisprudence, sous l'empire de laquelle il arrivait assez souvent qu'un huissier ne remettait point l'exploit d'ajournement à la partie adverse, afin d'obtenir contre ses adversaires un jugement par défaut ; s'il était permis à un huissier d'instrumenter pour ses parents, il eut été à craindre que cet abus ne se reproduisit.

§ 2. — *A qui l'exploit d'ajournement doit-il être remis.*

L'exploit est porté par l'huissier et remis *à personne ou à domicile*. Il faut entendre cette disposition en ce sens, que partout où se trouve le défendeur, l'exploit peut lui être valablement remis, sauf cette distinction établie par quelques jurisconsultes et que nous nous plaisons à reproduire, sauf, disons-nous, cette distinction, que si le défendeur se trouvait à l'audience ou assistait à une cérémonie religieuse, il ne pourrait être contraint à recevoir l'exploit. Cette distinction ne s'appuie sur aucun texte, nous la reproduisons, parce qu'elle nous paraît morale, par conséquent justement fondée. Sous l'ancienne jurisprudence, il en était tout autrement que sous l'empire de celle qui nous régit: d'après certaines coutumes, il était défendu de remettre l'exploit à ceux qui se rendaient au bain où étaient prêts à monter en voiture ou à faire une course à cheval.

Nous avons dit que l'exploit devait être remis par l'officier ministériel lui-même, et nous ajoutons que des peines correctionnelles sont prononcées contre l'huissier s'il en agit autrement, sauf des peines plus graves quand il y aura fraude ou dol de sa part. A défaut de la partie, la copie doit être remise aux parents ou alliés, aux serviteurs, et à défaut de ceux-ci aux plus proches voisins qui doivent, eux, apposer leur signature sur l'original de l'exploit. Nous remarquerons que cette dernière formalité n'est pas exigée quand l'exploit est remis aux parents, alliés ou serviteurs, en voici la raison : si la loi eut exigé la signature des parents, alliés ou serviteurs, par leur refus ceux-ci croyant rendre service à leurs parents ou maîtres, n'eussent pas souvent hésité à ne point signer l'exploit; de là une difficulté pour la remise de cet acte. Le voisin, au contraire, n'est pas présumé avoir intérêt dans les affaires d'autrui, et on ne suppose pas facilement qu'il puisse refuser sa signature; si toutefois craignant de se compromettre, comme cela arrive journellement aux gens ignorants et craintifs, il refusait de signer l'exploit. l'huissier le remettrait au maire ou à l'adjoint; celui de ces magistrats qui recevra l'exploit d'ajournement doit le viser sans frais, et mention de ce visa est faite tant sur l'original que sur la copie.

Pour les personnes morales qui peuvent avoir à démêler un procès, elles sont assignées : l'Etat en la personne du préfet quand il s'agit de droits domaniaux, le trésor national en la personne de l'agent; les administrations, en leurs bureaux; les communes, en la personne du maire, à Paris, du préfet. Dans tous ces divers cas, l'original est visé par celui auquel l'exploit est remis.

Les sociétés, les unions de commerce, sont assignées au domicile ou en la personne des directeurs ou gérants.

Enfin, ceux qui n'ont aucun domicile connu, sont assignés au lieu de leur résidence, et si cette résidence est ignorée, l'exploit sera affiché à la principale porte de l'auditoire du tribunal ou la demande sera portée, et une copie en sera remise au procureur impérial qui visera l'original. Ici nous apparaît une difficulté : il ne sera point difficile de reconnaître le tribunal compétent, quand il s'agira d'une affaire réelle ou mixte; mais quand il s'agira d'une affaire personnelle, le tribunal compétent étant celui du domicile, et à son défaut celui de la résidence, et le domicile et la résidence n'existant pas, quel sera le tribunal qui devra connaître de l'affaire? Cette difficulté n'a pas été prévue par la loi; aussi admet-on généralement, en suivant un principe de loi romaine, que la citation se fera près le tribunal du lieu où l'obligation a été contractée et par conséquent que ce tribunal sera celui qui connaîtra de l'affaire.

Pour les étrangers qui n'ont ni domicile ni résidence sur le territoire de l'empire, ils sont cités au domicile du procureur impérial près le tribunal du lieu où la demande est portée; le procureur visera l'original et enverra la copie, pour ceux qui sont domiciliés hors du continent, au ministre de la marine; pour les autres, au ministre des affaires étrangères; ces ministres sont chargés de faire parvenir ces copies à leur destination.

§ 3. — *Des délais de l'exploit d'ajournement.*

Le délai ordinaire de l'exploit d'ajournement est de huitaine, c'est à dire, de huit jours francs; telle est la règle générale à laquelle sont soumis les habitants du territoire continental français; bien entendu, ces huit jours sont le minimum du délai pour comparaître, et comparaître, nous le savons, c'est constituer avoué.

Il est certains cas où ce délai pourrait être préjudiciable au défendeur, soit parce qu'il est trop long, soit même parce qu'il est trop court; aussi pour les causes qui réclament une prompte décision, le délai de huitaine peut être réduit à trois jours par une ordonnance du président, rendue sur requête. On s'est demandé si cette ordonnance, rendue par défaut, était soumise à l'opposition. Cette question est encore controversée; toutefois, nous pensons que l'opposition ne peut pas être admise; ce sont, en effet, de graves circonstances qui font admettre le bref délai. Si donc il était permis de former opposition, le défendeur, sans contredit, perdrait le bénéfice qui lui a été accordé, en vue des circonstances, par l'ordonnance du président du tribunal. Suivant quelques-uns, l'ordonnance dont nous parlons serait soumise à un recours; le même motif qui nous fait rejeter l'opposition nous fait, à plus forte raison, considérer ce recours comme impossible et contraire aux intentions du législateur.

Dans une foule de cas, le délai de huitaine, loin d'être trop long, est insuffisant : ainsi, l'une des parties est-elle domiciliée hors du territoire français, l'exploit, pour lui parvenir, peut rester même plus de huit jours en route : c'est pour cela que l'art. 73 de notre Code de Procédure statue que le délai peut varier, suivant les distances, de huit jours à un an, et même pour les habitants du territoire continental français, le délai de huitaine peut aussi être insuffisant, et nous voyons l'art. 1033 décider que ce délai sera augmenté d'un jour, à raison de trois myriamètres de distance, entre le domicile du demandeur et celui du défendeur.

Nous venons de voir que des délais plus considérables sont accordés aux étrangers à cause des distances; mais cette prorogation de délai devient inutile quand les étrangers se trouvent avoir leur domicile sur le territoire français. Le motif de cette dérogation n'existant plus, alors les étrangers domiciliés en France restent soumis au délai de huitaine.

Dans tous les cas, le défendeur peut, si les délais sont insuffisants, demander au tribunal une prorogation.

Nous avons dit, en commençant, que le délai de huitaine était le moindre délai, ce qui fait nécessairement supposer qu'il est loisible au demandeur d'assigner son adversaire dans un délai plus long.

DROIT CRIMINEL.

Des peines tant principales qu'accessoires en matière correctionnelle.

Le principal but de la loi, en infligeant une peine à celui qui commet un *délit*, est de réformer le caractère du coupable ; le plus souvent la peine correctionnelle consiste à séparer le délinquant, pendant un délai déterminé, de la masse commune, afin de pouvoir rendre à la société un homme, sinon complètement digne d'y figurer, du moins meilleur. Tel est le but. Est-il atteint ? C'est là une question qui ne se discute et ne se prouve que par les faits : En laissant à d'autres le soin de traiter cette grave question, nous, sans même nous attacher à commenter les caractères des peines correctionnelles, nous les indiquerons et nous diviserons ces peines en principales et accessoires ; c'est à ce point de vue que nous allons les étudier. Pour compléter notre sujet en nous conformant à l'ordre du Code, nous parlerons séparément de l'amende, de la confiscation spéciale et de la surveillance de la haute police, peines qui sont en même temps criminelles et correctionnelles (art. 11-49).

PEINES PRINCIPALES.

Les peines principales sont au nombre de deux : l'emprisonnement et l'interdiction des droits civiques, civils et de famille énoncés dans l'art. 42 au Code Pénal.

1° *De l'emprisonnement.* — L'emprisonnement consiste en ce que le condamné soit enfermé pendant un certain temps, dont le maximum et le minimum sont fixés par la loi, dans une *maison de correction;* le condamné doit y être employé, *à son choix*, aux travaux établis dans la maison.

Cette peine, comme du reste toutes les peines correctionnelles, est essentiellement réformatrice et présente même le caractère avantageux de divisibilité, et jusqu'à un certain point le caractère d'égalité.

Nous disons pour celui-ci *jusqu'à un certain point*, car l'emprisonnement n'impose pas à tous les hommes les mêmes privations de fortune et de jouissances; mais en jetant les yeux d'un autre côté, nous trouvons que le pouvoir discrétionnaire des tribunaux est d'une mesure assez étendue pour niveler les inégalités. Cette peine présente encore les caractères d'instructive et exemplaire. Le condamné, en effet, enfermé dans une maison de correction, est là surtout pour remplacer ses mauvaises habitudes par celles du travail, et la privation de liberté qu'il endure est, sans contredit, d'un salutaire exemple.

Nous venons de présenter le côté avantageux de la peine d'emprisonnement; il serait à souhaiter que le régime pénitencier adopté en France remplît les vues du législateur. Toutefois, notre système présente bien des inconvénients; nos détenus, entassés dans une salle commune, peuvent entre eux communiquer librement; l'expérience n'a que trop appris combien la communication des prisonniers rend impossible toute réforme morale. Nous nous étions bien promis de ne pas toucher à cette question, il nous a cependant été impossible de ne pas en dire un mot; nous nous permettrons même d'ajouter qu'aux États-Unis il a été adopté deux divers systèmes d'emprisonnement qui divisent encore les gens qui s'occupent de la réforme de notre système pénitencier. Tandis qu'à Philadelphie chaque prisonnier est enfermé dans une cellule particulière le jour comme la nuit, ayant pour consolation son travail, à Auburn, les condamnés ne sont séparés que pendant la nuit, le jour ils travaillent dans un atelier commun, assujettis au plus rigoureux silence.

C'est ce dernier système qui semble réunir le plus d'adeptes, et tout tend aujourd'hui à le voir employer en France.

Pour le produit du travail auquel chaque prisonnier est assujetti, une ordonnance en date du 17 décembre 1843, interprétant l'art. 41 du Code Pénal, affecte les cinq dixièmes de ce produit aux dépenses de la maison de correction, la moitié des autres cinq dixièmes est remise au condamné, s'il le mérite pendant qu'il subit sa peine, et le reste forme le fonds de réserve qui doit être remis au détenu à sa sortie de prison.

La durée de la peine d'emprisonnement, sauf le cas de récidive et ceux où la loi a déterminé d'autres délais, est de six jours à cinq ans.

2° *Interdiction à temps de l'exercice de certains droits civiques, civils et de famille.* — Cette peine n'est encourue qu'en vertu d'une disposition expresse du jugement, et ne peut être prononcée hors des cas prévus par la loi ; c'est ce que nous dit formellement l'art. 43 du Code Pénal, et c'est à l'art. 42 du même Code qu'il nous faut recourir pour savoir en quoi consiste cette peine. Les tribunaux jugeant correctionnellement, y est-il dit, pourront, dans certains cas, interdire en tout ou en partie l'exercice des droits suivants :

1° *De vote et d'élection.* — Ceux qui sont privés de l'exercice de ces droits ne seront point inscrits sur la liste électorale (Loi du 15 mars 1849, art. 3-2°. — Décret du 24 fév. 1852, tit. 2, art. 18-2°). La loi du 31 mai 1850 dit en son art. 8 : 1° Ne seront point inscrits sur la liste électorale et *ne pourront être élus* les individus désignés aux paragraphes 1, 2, 3, 5, 6 et 7 de l'art. 3 de la loi du 15 mars.

2° *D'éligibilité.* — Ceux qui sont frappés de cette incapacité, ne pourront être élus représentants du peuple, aujourd'hui députés au Corps législatif (Loi du 15 mars 1849, art. 79-2°).

3° *D'être appelés ou nommés aux fonctions de jurés ou autres fonctions publiques, aux emplois de l'administration, ou d'exercer ces fonctions ou emplois.* L'art. 3 de la loi du 12 août 1848 porte que ceux qui ont été privés de l'exercice de tout ou partie des droits politiques ne peuvent pas être jurés.

4° *Du droit de port d'armes.* — Cette disposition doit aussi être complétée par une loi en date du 3 mai 1844, dont l'art. 6 est ainsi conçu : Le préfet pourra refuser le permis de chasse à tous ceux qui ont été privés d'un ou de plusieurs droits énumérés dans l'art. 42 du Code Pénal. La même loi dit en son article 8 que le permis doit être refusé à ceux qui sont privés du droit de ports d'armes.

5° *De vote et de suffrage dans les délibérations de famille.*

6° *D'être tuteur, curateur, si ce n'est de ses enfants et sur l'avis seulement des conseils de famille.*

7° *D'être expert ou employé comme témoin dans les actes.*

8° *De témoigner en justice autrement que pour y faire de simples déclarations.*

La loi du 15 mars 1850, sur l'enseignement, statue en son art. 26 que les individus privés par jugement de tout ou partie des droits mentionnés dans l'art. 42 du Code Pénal, seront incapables de tenir une école publique libre.

PEINES ACCESSOIRES.

Les peines accessoires, en matière correctionnelle sont des incapacités encourues généralement de plein droit, par tous ceux qui sont reconnus coupables d'un délit, et condamnés à des peines d'une certaine étendue.

Ces peines ont été, pour la plupart, introduites successivement par des lois postérieures au Code ; ainsi, les lois électorales du 15 mars 1849 et du 31 mai 1850, s'appuyant tant sur la nature du fait que sur la durée de la peine, statuent : que quiconque aura été condamné pour vol, escroquerie, etc., ne pourra être porté sur la liste électorale ; celui dont la durée de l'emprisonnement aura été de trois mois, encourra la même déchéance si sa condamnation a été prononcée par application des art. 318-423 du Cod. Pén. Celui qui aura été condamné pour vol, escroquerie, usure, ne pourra être juré, ainsi que celui qui, pour tout autre délit, aurait été condamné à plus d'un an de prison (Loi du 7 août 1848).

Les commerçants condamnés à des peines correctionnelles ne peuvent concourir à l'élection des membres des tribunaux de commerce ni être éligibles (Loi du 28 août 1848).

Nous avons déjà cité une loi du 3 mai 1844, et nous avons vu que le préfet pouvait refuser le permis de chasse à tous ceux qui se trouveraient sous le coup de l'art. 42 du Code Pénal. L'art. 283 du Code de Procédure civile nous dit que le témoin qui aurait été condamné pour vol peut être récusé, et l'art. 311 du même Code, que l'expert nommé d'office peut être récusé pour le même motif. Nous bornerons là notre énumération des peines accessoires. Passons maintenant à l'examen de ce qui nous reste de notre sujet, c'est à dire, à l'amende, la confiscation spéciale et la surveillance de la haute police.

Amende. — L'amende est une peine fréquemment prononcée en matière correctionnelle, parce qu'elle procure un moyen d'indemniser l'Etat du préjudice qui lui est causé par les délits. Le minimum de l'amende est de 16 fr., le maximum est déterminé par la loi et varie suivant les circonstances. La loi a laissé à la sagesse du juge le soin d'apprécier entre le maximum et le minimum la somme à laquelle doit être fixée l'amende ; cette latitude est accordée au juge pour prévenir l'inégalité de cette peine : aussi, ceux qui sont chargés de prononcer des amendes doivent-ils toujours avoir présent à la mémoire cette belle maxime du sénéchal et conseiller André Tiraqueau : *Mitius est agendum cum pauperibus quàm cum divitibus, cum agitur de pœna pecuniaria.*

Confiscation. — La confiscation du corps du délit, quant le condamné en a la propriété, ou des choses qui ont été produites par ce délit, ou de celles qui ont servi à le commettre, est encore une peine correctionnelle.

Comme la confiscation spéciale est une peine, elle ne peut être prononcée que lorsqu'elle est autorisée par un texte formel de la loi. Ainsi, la Cour de Cassation a annulé, avec raison, celle qu'un jugement avait prononcée de divers instruments qui avaient servi à commettre un délit de maraudage, aucune disposition de loi n'ordonnant cette confiscation.

Surveillance de la haute police. — Enfin, les juges jugeant correctionnellement un délit qui intéresse la sûreté intérieure ou extérieure de l'Etat, devront renvoyer le condamné sous la surveillance de la haute police. Ici cette peine n'est point encourue de plein droit ; elle doit être prononcée par le jugement. Sa durée n'est autre que celle qui est fixée par les juges ou par la loi (art. Cass., 31 janvier 1834). Cette peine consiste, depuis la loi du 28 avril 1832, à ce que le condamné ne puisse paraître dans certains lieux qui lui sont interdits. De plus, le condamné doit déclarer, avant sa mise en liberté, le lieu où il veut fixer sa résidence; la route qu'il doit suivre lui est indiquée, et il ne peut s'en écarter. La durée de son séjour dans chaque lieu de passage est fixée, et dans les vingt-quatre heures de son arrivée il doit se présenter devant le maire de la commune; s'il veut changer de résidence, il devra, trois jours avant son départ, demander au maire une feuille de route et lui désigner le lieu qu'il a choisi. Cette peine est à la fois répressive et préventive, et on a tout lieu d'en attendre d'heureux résultats. Si l'individu soumis à la surveillance de la haute police ne se conforme pas aux dispositions de l'art. 44 du Code Pénal, il sera condamné, par les tribunaux correctionnels, à un emprisonnement qui ne pourra excéder cinq ans.

Vu par le président de la thèse,

Chauveau-Adolphe.

Cette thèse sera soutenue, le 1er août 1854, dans une des salles de la Faculté.

Toulouse, imprimerie BAYRET et Cᵉ, rue Peyras, 12.